JN411056

통신두절

통신두절

장승진 시집

문학의전당

自序

시를 쓰기로 맘먹은 지 꼬박 11년 만에 첫 시집을 엮는다. 그 사이에도 나는 여러 차례 변화를 겪었으며 그 변화가 시詩의 지층에 고스란히 배어 있다. 그런데 그 변화란 것이 고생대에서 신생대로 갔다가 중생대를 거쳐 다시 고생대로 향하는 경우도 있어 혹자는 그것을 두고 시세계의 부재라 탓할 수도 있겠으나, 그 전 단계의 나로 인하여 나는 꾸준히 시를 써올 수 있었으므로 그것들을 한 뒤틀린 인간의 변형된 지층의 단면으로 간주하여 인위적인 조작을 가하지 않았다.

외로운 삶에 첫 불을 밝힌 순간부터 함께 시를 써왔던 문우와의 결별에 이르기까지 정제되지 못한 고통과 번민의 감정들을 작품의 이면으로 걸러내려 애썼지만 나는 아직 소아小我적 발상을 극복하지 못하였음을 인정한다. 그러나 존재보다 사유가 앞서는 글에서 나는 아무런 감동을 느낄 수 없으므로 나의 한계를 과잉된 자의식이나 공허한 말잔치로 가릴 의도는 전혀 없다. 그럴 바엔 차라리 맨 처음 습작 시절로 돌아가 내가 경험한 모든 것을 포맷하는 편이 나으리라.

내 시의 가장 강력한 경쟁 상대는 대중가요가 되었으면 한다. 대중에게 읽히지 않는 시란 지면 낭비에 불과하기 때문이다. 이 시집은 알에서 갓 부화한 거북이이다. 어미 거북은 바닷가 모래사장에 적당히 많은 알들을 낳는다. 그 알들은 때가 되면 부화하지만 그중 푸른 바다의 꿈을 실현하는 새끼 거북은 그다지 많지 않다. 조류나 파충류, 포유류 등 모든 동물들이 새끼 거북이 알에서 깨어나기도 전부터 바다에 이르는 길까지를 동행하고 있기 때문이다.

2009년 봄

장승진

차례

1부 교신交信

2부 감각感覺

3부 곳

4부 삶

1부 : 교신 交信

통신두절
–대구비행장에서

1.
활주로 부근 갈대들은
귀청 터지도록 시달린 하루를 벗는다
꿈도 의지도 없이 저녁놀은 붉게 타들어 가고
도시 외곽에서는 어둠마저 술 취해 비틀거린다
자유는 너무 밀린 외상값 같아
송신탑이 야간등을 깜박인다
멀리 사라진 비행기가
저 높이에 그어놓은 길은 그러나
끊겨 있다 도시와 닿지 못하는 활주로처럼

2.
담장 너머 깨금발 딛고 자란 풀들이
바람을 향해 길게 자란 머리채 휘날리면
소실점 속, 보이지 않는 세상은 안녕한지
나는 불꺼진 세상 밖으로 야간활주하지만
질주하는 욕망이 빚어내는 혼선의 사태
스물세 해 저쪽에서 나를 태우고 온
機體는 고열에 휩싸이고 만다 통신두절

3.

풀들은 누웠다 일어선다
밤이 지나간 자리마다
낯익은 이방인들이 피어서 붉다
외곽의 철망은 느슨해진 허리띠를 졸라맨다
간밤에 사고 난 비행기가
말쑥한 차림으로 격납고를 나오고 있다
한 줌의 꿈이 빠져나간 손바닥
매일같이 비누칠해도
윤활유 흔적은 지워지지 않는다
고장 난 비행기 한 대가
아직 격납고에 숨어 있으므로

비린내

고등어가 도심 한복판으로 헤엄쳐 들어왔다 표정으로 멀었던 여정을 말하며 회한 섞인 바다내음을 풍기고 있다 비지땀처럼 흐르는 슬픔에 부식되지 않는 몸뚱이도 있던가 좌판에 놓인 얼음 조각들이 추억을 防腐하는 중에도 고등어는 온몸에서 일어나는 鄕愁를 어쩔 수 없다 식인상어의 눈초리로 좌판을 탐색하는 사람들, 붉게 핏물 든 오후 햇살이 도마에 넘실대면 죽은 바다를 짊어지고 집으로 향한다 그들은 검푸른 저녁이 버려진 내장같이 엄습하는 것을 알까 카바이드 불빛 아래 뚝뚝 떨어져 내리는 피톨들이 다시 바다를 향하는 마음을 알까 어물전 주인은 지직거리던 고물라디오를 끈다 망할 놈의 라디오! 그러나 잡음 속에 들려오던 뚜렷한 소리가 시장길 곳곳에서 역겹게 그리운 비린내를 풍기고 있다

결투

세상의 위선이 창을 겨누어 달려들 때
독선의 말에 올라 거짓 방패를 둘러맨다
왜 내가 결투의 상대냐는 물음에
투구 쓴 검은 사내는 눈빛조차 피해버린다
게으른 말, 고삐 당겨 길을 갈 뿐
그 누구의 파랑새도 사냥한 적 없는데
이교도를 만난 십자군 전사마냥
그는 오로지 내 심장을 노릴 뿐이다
엘리 엘리 라마 사박다니
그의 말이 접질리게 해주옵소서
나뒹굴다 무릎 꿇게 해주옵소서
닳지 않는 편견을 편자로 박아넣고
세간의 이목을 갑주로 두른 그는
내 기도를 그저 신음으로 만든다
우물의 진실을 감추고도 위선은
목마른 자를 위한다 떠벌리나니
그의 거친 말발굽 소리에 맞춰
갈기 세운 독선과 거짓 방패가 버텨주기를
나는 숨죽여 바랄 뿐이다
위선의 나팔이 울리고 그가 등장한다

콕콕 쑤시는 심장을 짓눌러 가면서도
태연한 미소로 거짓 방패를 삼는다
접전의 결과가 승리이든 패배이든
상처를 치유할 독작獨酌의 순간까지
후회 없는 한편이 되도록
땀 흘러 싸울 것이다 비록 지더라도
아름다운 패배의 슬픈 무늬를 새길 것이다

집착

문틀에 못자국이 많은 집은 해묵은 망치질 소리가 난다 어디선가 바람이 들고, 단단한 바람의 머리가 부딪힌 흔적이 즐비하다 그때마다 빈집은 누군가 들어온 것처럼 덜그럭거리고 내 심전도 수치가 가파른 산을 그린다 겨울 햇살이 감기약처럼 몸을 휘감고 꽃들은 창가에서 꾸벅 졸고 있다 목마른 식물의 마음으로 인기척에 온몸의 귀를 연다 집을 지은 이는 이미 오래 전에 이사를 떠났지만 부러진 의자 몇 개와 한 곳이 오래 눌려 구멍 뚫린 레코드판이 아직도 전축 위에 그대로 놓여 있다 목소리가 퇴화된 자는 상념으로 가득 찬 눈을 갖게 된단 말인가? 다만 폭설처럼 내려앉은 먼지밭에서 벽시계만이 생명의 온기를 지녔다는 듯 재깍재깍 심장소리를 내며 돌아가고 있다 시간이 정적과 살을 섞는 소리와 그 소리를 듣고 있는 귀처럼 집은 못이 빠진 자리마다 귓구멍을 매달고 있다 귀를 막아도 소리가 들리는 이때

아파트 건설 현장

인도는 아파트 건설 현장 앞에서 끊겨 있다 '공사 중 주의'라는 말을 온몸으로 실천하려는 듯 담벼락이 곧 쓰러질 듯한 기세다 공사용 자재들은 여러 날 동안 거리를 점거 중이다 천공기가 철제빔을 뿌리내리는지 마른하늘에 친둥 치는 소리 들린다 단죄의 송곳을 쥔 쪽이 새카만 숨을 내쉴 때마다 고장 난 미싱 밑으로 숨던 어린 시절이 뚜벅뚜벅 계단을 올라 현관문 앞에 당도한다 파 내려갈수록 이해 안 되는 물음들은 흙더미처럼 불어나고 포크레인이 범죄의 증거물을 감추는 살인자처럼 재빨리 덤프트럭에 퍼담을 것이다 남들의 머리숱마저 안 보이도록 완강한 범죄의 기반이 형성되면 줄지어 대기 중이던 레미콘 차량이 오물거리고 있던 콘크리트를 쏟아 붓는다 도대체 그들은 얼마나 비위 좋은 위장을 가졌기에 갈수록 메말라 가는 것들을 평생 담고 사는 걸까 아파트는 오래지 않아 완공될 것이다 공소시효가 지나면 콘크리트는 돌멩이처럼 단단해진다 이 공사는 레미콘이 아파트 주인들의 가슴속에도 콘크리트를 가득 채우고 난 뒤에야 마무리된다 공사현장에서 가끔 인부들 몇이 떨어져 죽는 사건도 있지만 그런 일은 대부분 어두컴컴한 지하창고에 버려진다 화려한 외관을 자랑하는 아파트 너머에는 자신의 生을 온전히 살아내지 못한 것들의 그림자가 아파트의 높이만큼 길게 드리워진다 오늘, 서울의 길거리는 발 디딜 틈 없이 그늘져 있다

피에타*Pietá

아이의 증세는 호전되지 않았다
초점 없는 눈과 부르튼 입술로
수업 시작 전부터 조퇴를 요구했다
집에서 먹은 아침을 다 게워내고
사물이 두 개로 보여
교실에 앉아 있기 힘들다는 말
피 흘리는 아이의 영혼이
내 결정의 무릎 위에서
고단한 몸을 떨고 있었다
껴안아 주고 싶었지만
나의 사랑은 마리아만큼 깊지 않아서
가식으로 여겨졌다
애정결핍에서 시작된 아이의 병이
정신분열까지 오는 동안에도
모두들 위대한 조각상만 생각하며
아이의 마음을 파내고 파냈을 뿐
텅 빈 마음과 상처 난 영혼에
따뜻한 반죽을 입혀준 적 없었다

*경건한 마음, 경건한 동정同情이라는 뜻의 이탈리아어. "신이여 불쌍히 여기소서"라고 기도할 때 이 명사가 쓰임. 기독교 미술에서, 십자가에서 내린 그리스도의 시체를 무릎 위에 놓고 애도하는 마리아를 표현한 주제. 중세 말부터 르네상스 시대의 조각, 회화에서 많이 볼 수 있으며 바티칸 베드로 대성당의 미켈란젤로의 조각이 유명하다.

첫눈

11월의 눈발들
지나온 삶의 잔상처럼 맴돈다
아직 추위가 찾아오지 않은 겨울의 초입
내리는 눈발들도 발걸음이 수줍다
조심조심 걸어왔다 그 누구를 대하듯
마음 위로 불어오는 결빙의 바람에도
화롯불에 붙일 장작을 잊지는 않았다
고요히 타오를 줄 아는 불이여
너의 손길로 우리의 뺨을 어루만져다오
우리는 지금 외톨이로 남은 눈물
오늘의 바람이 이 넓은 숲 속
겹겹이 쌓인 낙엽의 단잠을 깨우진 못하리라
바람에 몸 비트느라 힘줄 굵어진 나무야
첫눈이 온다 약속된 첫눈이 온다
유년 속에 각인된 굴곡의 몸짓
어서 땔감으로 던져주어라
굳게 지켜온 아픔도 활활 타고 나면
한 줌의 흐릿한 재가 되어
누군가의 세상에 뿌려질 것이니
우리도 누구에게 한 번은

첫눈이지 않겠느냐

폭주족의 고백

속력을 높인다 달릴수록
얌전한 공기는 근육질의 사내가 된다
처음 그는, 아이의 자전거를
잡아채는 어른의 손길이더니
몸 풀린 복서처럼 매운 주먹 뿌려댄다
모터는 한숨짓지만 달리기를 포기한 적 없다
굉음의 칼날로 그의 굵어진 힘줄을 풀고
가속 페달 위, 마저 남은 공포심도
발끝이 떨리도록 밟아 주리라
얼굴로 향하던 그의 주먹은
빠른 속도 앞에서 속수무책 미끄러진다
피 묻은 듯 검붉은 레드존에
계기판의 바늘이 가 닿으면
땀구멍마다 숨통이 열린다
주먹도 시원한 바람이 된다
차선을 목숨처럼 지키는 승용차 사이
교차로 몇 개 신호를 위반하며 지난다
나의 일상이 가끔 선홍빛으로도 물들겠지만
그때는 내가 세상의 붉은 눈금을 밟고 가겠지만
속도의 꿈은 환상이다

아버지보다 더 아버지 같은 그에게
나를 이해시키는 험난한 길이다

종이비행기

1.
터널처럼 어두운 정오의 복도에
햇빛이 유리창마다 전등불을 켜놓았다
3교시가 끝나기 직전, 교실은
이륙하려는 비행기들 소리로 시끄럽다
빈 복도는 긴장감으로 술렁이고
끝종과 함께 종이비행기들이
문을 박차고 이륙을 시도한다
복도 끝에는 오후를 날게 해줄
아이들의 공중급유기가 있고
급유가 급했던 비행기들끼리
자주 충돌 사고에 휘말린다
저공비행하던 선생님이 걱정스레
헬리콥터처럼 호통을 쳐도
종이비행기들은 잠시 늦췄다가
바람을 타고 급하게 선회한다
이 달리는 허기를
누가 채워줄 것인가

2.

아침에 화단을 청소하는데
수십 개의 종이비행기가
이슬을 머금은 채
나뭇가지나 풀밭에 걸려 있다
이 많은 종이비행기는
무엇을 꿈꾸었으며
목적지를 향해
한 번이라도 제대로 날아올랐을까
해마다 종이비행기는
사라진 수만큼 다시 생겨나는데
어디까지 날아가서 착륙하는지
그 끝은 시간의 먹구름에
늘 가려져 있을 뿐이었다
아침 교정을 청소하며
가볍기만 하던 종이비행기의
젖은 꿈을 쓸어 담는다

한밤의 추격전

물 밖으로 튀어나온 뱀장어처럼 길이 팔딱거린다 어둠 속으로 전력질주하는 그를 잡아야 한다 막다른 골목, 모퉁이에는 가로등이 하나 서 있으나 눈 감고 벽에 기대어 팔짱을 끼고 있을 뿐이다 덩치 큰 어둠이 몰려와 으르렁거린다 잠자던 유년의 아픔이 도져온다 어둠의 이빨을 피해 그냥 돌아갈까 아니다 그의 숨소리는 금방이라도 모퉁이 뒤에 주저앉을 듯 거칠다

자정 무렵 백열등이 싯누런 달 대신 골목을 비춘다 그를 가두기 위해 마련한 붉은 종이 감옥들 구겨진 채 나뒹군다 그를 잡아넣지 못하면 내가 그 속에 갇힐지 몰라 나의 조급함을 냄새 맡고 어둠의 사냥개들 맹렬하게 짖어댄다 그가 이미 나를 따돌린 걸까 굵은 눈발이 한두 송이 마침표마냥 떨어져도 그의 종적은 묘연하다

골목 끝에 다다랐으나 그는 없다 둘러싼 벽과 그 위의 날카로운 철조망으로 모든 설명이 끝났다 돌아서려는 찰라, 무언가 철조망에 걸려 바람에 나부낀다 그의 찢어진 옷자락이다 호흡을 가다듬으며 등줄기의 땀을 식히는 동안 이내 담벼락 뒤에서 들려오는 가쁜 숨소리 나는 굽혔던 허리를 곧추 세우고 담을 타넘기 위해 잉크 묻은 손을 단단히 맞잡는다

유 세르게이

정말 떠나야 하나요 사랑하는 레나는 어떡하죠 열일곱 살 카타르족 소녀는 이곳 타슈켄트에 있으란 말인가요 레나를 못 믿으시나요 그녀는 잘 견딜 거예요 어머니도 카자흐스탄 사람이잖아요 연해주는 얼마나 멀죠 기차로 구 일이나 걸린나구요 칠십 년 전에 할미니가 온 길을 우리 가족이 되돌아가자구요 레나를 데려갈 거예요 그녀도 가길 원하고 있어요 어머니도 레나와 마찬가지인 걸요 고생할 준비는 돼 있어요 아버지를 도와 농토를 갈고 가축도 기를 거예요 우리가 정착하면 그곳이 고향 아니겠어요 우스리스크는 그런 곳일 거예요 그렇지 않다면 그곳은 우리의 무덤이 되겠죠 삶도 사랑도 무덤까지 가져가겠어요 저는

독거 소년의 일기
–권 군을 추모하며

요금이 밀리자 수도는 뱉어낼 게 없었다
나는 먹은 것 없이 헛구역질을 해댔고
네 마리의 사냥개는 컹컹 쇳조각을 날렸다
가을바람이 비닐하우스의 지붕을 핥는 동안
나는 언제인지도 모를 엄마 품을 떠올렸다
엄마에게는 이제 또 다른 아들이 있다
울고 난 뒤, 손끝이 저리듯 허기가 몰려온다
김치, 계란, 햄, 소시지같이 엄마란
배고플 때 그립다가 배부르면 잊혀지겠지
쓰기 공책에 빈칸 없이 뿌려진 글씨들이
나중에 싹을 틔워 날 배부르게 해줄까
책가방을 적시는 빨래비눗물을
언제까지 우유 얼룩이라 속여야 할까
우는 건 본능이라고 어디선가 들은 적이 있는데
안으로 파고드는 슬픔도 본능인 걸까
주변에는 외로움이 돌멩이같이 많고
가난한 내 운동화는 더럽고 낡았다
때 묻은 운동화가 토해낸 거품처럼
검은 바람 사이 점점이 물방울들 맺힌다
붉어진 눈시울에 가을 나무가 핏발처럼 번지고

목줄 풀린 사냥개들이 술 취한 아빠처럼
비닐하우스 안에 나를 가둔다

변비

장이 묵직한데도 배가 아파오지 않네요
벌써 한 달 넘었는데 화장실 못 갔어요
사는 게 바빠서 먹거나 생각하는 거 다 대충이죠
책은 읽냐구요? 겨우 시집 몇 권 봐요
이렇게 먹은 게 없는데 뭐 나올 게 있을까요
위든 아래든 다 변비 걸렸어요
지난겨울엔 좀 한가해서
원고지 들고 화장실 좀 갔었는데
봄 지나 여름 돼도 함박눈처럼 일이 쏟아지네요
마음은 일에 파묻혀 꽁꽁 얼어가고
여름 햇살이 언 마음 녹일라치면 또 눈 오네요
눈 쌓인 마음으로 화장실 가면
관자놀이에 핏줄만 불거질 뿐이죠
먹은 것 없이 마음의 수분만 자꾸 우려먹으니
이러다가 돌이 되지는 않을까요?
나도 누구처럼 약국 가서 변비약 사고 싶은데
아는 사람이 말려요 편하지만 뒤끝 나쁘고
장기능이 약해져 약 없이 못 산다고
그러니까 적당한 음식 섭취와 장운동이 필수죠
스트레스 안 받고 마음의 여유를 가져야 해요

에휴, 그게 어디 생각처럼 쉽나요
원고는 아직 부족한데 변비가 나을 기미 없네요
정말이지 변비는 지긋지긋해요

발달장애

교복을 안 입었다면
중년 남성으로 통할 것 같은 외모
그러나 아직 열아홉인 아이는
쉬는 시간마다 교무실로 온다
교무실 문을 빠끔히 연 뒤
점찍은 여선생이 자리에 있으면
무표정이 근엄함을 낳는 얼굴에
웃음이 번지며 입이 지퍼처럼 열린다
알 수 없는 말을 4 · 4조로
점점 빠르고 격렬하게 되뇌이면서
아이는 뭔가의 달콤함에 젖는다
정신이 젖꼭지를 무는 순간이다
그런 아이를 두고도 엄마는
학교에 얼굴 보인 적이 없다니
모성은 얼마나 냉정한 것이었나
어린애인 채로 성년을 맞이하여
더욱 슬프게 바보가 되는 병,
차라리 계속 바보여야 할 텐데

인내조절버튼

희망은 아직 냉동보관 중이다
절망의 온도에 닿기 전 꺼내야건만
냉동실에 손을 넣었다간 얼어버릴 것이다
누가 희망을 그렇게 넣어뒀단 말인가
어쩌면 내가 희망을 넣어둔 뒤 누군가
절망의 스위치를 켜버렸는지도 모른다
모든 악의적 발상이 그러하듯
전원케이블은 피복마저 벗겨져 있다
희망을 얼리고도 남을 만큼
절망은 독한 냉기를 지녔지만
희망은 절망에 얼어붙었다가도
한 모금의 뜨거운 찬사에 금방
녹아서 촉촉해지는 윤기를 지녔음을
얼었다 녹은 빵을 씹으며 안 적이 있다
온도조절기능이 없는 냉장고는 없다
그때까지 다만 얼어있음을
참아내는 인내조절버튼이
우리 몸 안쪽에도 달려있음을
매뉴얼을 보지 않고도
찾을 수 있어야 하지 않을까

2부 ··· 감각 感覺

그리운 오늘

불러 보았어 내 안으로
니가 아직 거기 있는지
귀를 막고 귀 기울였어
너의 시냇물 같은 사랑에,
사랑의 밑바닥에 뿌리내린
내 마음은 물풀과 같아
고기 몇 마리쯤 뜯어먹어도
금방 또 자라나지

갱스터 무비 혹은 사랑의 법칙

그녀를 사랑하는 게 아니었다
사랑은 불한당 같았고
그녀는 그의 情婦였다
그는 수시로 내게서 삥을 뜯었고
나는 자진해서 가진 걸 상납했다
자존심의 런닝이
멱살잡이로 찢겨져나가도
그녀는 섹시한 자세로
불한당의 어깨에 기대어
내게 미소를 지을 뿐
약자에 대한 동정심은 없었다
갱스터 무비에나 나올 듯한 광경이
내 사랑의 결말을 장식할 줄이야
주인공이 비참한 최후를 맞을 때
여자는 쓰러진 주인공에게 속삭인다
당신은 적이지만 매력적이야
다른 상황에서 만났다면 어땠을까
갱스터 무비의 법칙은 간단하다
죽이지 않으면 죽음을 당한다
그리고 꼭 불한당의 여자를 건드리며

불한당인 여자에게 배신을 당한다

힙합처럼

길을 가던 중 음악을 들었어 피아노 건반 같은 보도블록 위였지 강한 비트와 디제이 믹싱에 나는 빠져들었어 드럼소리에 나도 모르게 발맞추고 있었던 거야 너와의 첫 만남도 그랬던 것 아닐까 저음일수록 더 큰 진동을 동반하듯 우리의 사랑은 낮고 낮았어 길은 일방통행이었고 행인들은 서로 무관심했지 우리 둘만 느꼈을 뿐이야 그래피티 같은 사랑이었지 내가 좋아하는 음악은 너였어 힙합은 고여 있는 슬픔을 출렁이게 하지 막혀 있던 슬픔이 출구를 찾는 거야 봐, 이 흘러내리는 죽은피를, 클라이맥스가 지나면 곧 끝나는 게 음악이지 끝이 있어 음악은 지루하지 않아 검은 외바퀴로 끝을 향해 달리는 음표들에 내 사랑을 실어 보낼까 나의 리듬은 오선지 위에 담을 수 없어 악보 바깥으로 달려갈 거야 아무리 지껄여도 박자와 음정이 깨지지 않는 랩 속에 내 사랑을 담고 싶어 영원히 잊혀지지 않을 내 달팽이관 속 소장 앨범이 된 너

정전기

당신이 짜준 스웨터는 따뜻했어 성급하게 짠 티가 났어도 그걸 입고 밖을 돌아다녔지 따뜻한 곳에서도 벗고 싶지 않았어 당신이 짜준 것이니까, 나중에 스웨터를 벗는데 불꽃이 일더군 심하게 정전기가 생기더라구 겨울엔 다 그렇지 하며 다음날 또 그 스웨터를 입었어 그런데 벗을 때마다 감전이 되는 거야 생각해봐 손끝에서 생긴 푸른 불꽃에 머리와 심장이 타들어가는 느낌을, 나는 스웨터를 만지는 것조차 두려워졌어 그 겨울이 지나도 마찬가지였지 당신과 나 사이에는 푸른 불꽃만큼 간극이 있었나봐 내가 손을 잡으려 할 때 당신은 다른 생각을 하고 있었으니까 당신 몸속 물기들이 다른 방향을 향했으니까, 나는 보았어 당신이라는 옷을 벗을 때 맹독을 뿜는 투명한 독사들을, 눈물과 땀을 받아먹는 독사들이 당신 손 안에 살고 있었지 참 메마른 사람이었어 당신, 날 속이려 하지 마 당신의 모든 물기는 스스로 증발시킨 거야 없는 걸 가진 척하지 마 눈물샘이 젖을 때까지 아무도 사랑하지 마 당신이 키운 독사들이 당신까지 먹어치울 거야 사랑은 내게 방한용 옷이 아니었어 이제 겨울에는 절대 스웨터를 입지 않을 거야 안녕 그리운

스위치를 품은 여자

난 말이야 당신 같은 여자가 좋아
시골서나 굴러다니는 구식버스 간에서
흔들리는 마음을 잠으로 움켜잡고
꿈을 꾸어 안개꽃을 피워 올리잖아
우리를 태운 버스는 아직
비포장길을 달려야만 해
꽃대궁이 크면 시들고 말아
모를 테지 멀미 난 꽃송이들이
한 움큼 떨어져 버린 자리에서
스위치를 올려
하얀 알전구를 밝히는 당신의 잠
그 사이 나는 꽃병의 물을 갈아
차바퀴가 돌부리에게 잠시 말을 걸듯
내 속에 담그고 있는 당신의 발이
파문을 일으키고 있어
잠들어야 켜지는 알전구들
그 밑에서 당신을 형설지공할래
나의 독서는 장거리 여행을 가고 있어
독서는 깊어지고 따가운 모래바람이 날리지
돌아올 수 없는 여행이라도 좋겠어

잠 속에 먼지의 빛이 새어들지라도
나는 당신의 스위치를 계속 누르고 있을래
버스 연료는 가득하고 길은 멀거든

호텔 캘리포니아*

사막의 고속도로 위로 밤이 엎드리고 있었어
내가 모는 차는 사막 한가운데 난 길을
솔로 기타의 반주처럼 지나갔지
자동차의 소음이 보컬의 노래처럼 정적을 꿰뚫었고
어느새 나는 밤의 선율에 맞춰 고개를 주억거렸지
저 멀리에서 어둠이 간간이 피를 흘렸고
두근거리는 가슴속 누군가 체를 흔들어
사각사각 모래를 흩뿌리고 있었어
시야가 확보되지 않은 주행은 무모했어
그녀는 마른 땅에 이는 먼지의 일가를 사랑했지
소심한 내게 호텔 캘리포니아는
사막 위에 세운 사랑이었어
출발 전 네온 간판에 교차하던 적록색의 불빛
나는 그 앞에 서서 생각이 깊어졌지만
샴페인을 따고 싶은 생각에 주저하지 않았지
사막의 모래로 유리잔을 만들어 취하고 싶었어
샴페인이라면 적어도 핑크빛이어야지
나의 믿음은 그러나 3년 산도 못 되었어
새들의 지저귐은 들리지 않았지
모래가루가 양쪽 귀에서 서걱였어

강렬한 태양볕에 은빛으로 반짝이던 기타 리듬
혓바닥 위에 터지는 슈팅스타의 팝핑캔디처럼
지금도 귓가에서 톡톡 터지는 목소리
모로 누운 그녀의 알몸 같은 사막의 굴곡 끝에
휴게소처럼 호텔 캘리포니아 서 있었을까
눈물이 고일 새도 없이 빠져나가
사막이 되어버린 호텔 캘리포니아
외줄기로 뻗은 사막의 고속도로는
호텔 캘리포니아의 지붕 무너진 복도였어

*미국의 록밴드인 〈이글스〉의 언플러그드 라이브 송.

들풀에게

구멍 난 우산에 물방울이 스며요
마음속으로 빗물이 새어들고
느티나무도 어깨가 젖어가요
비에 젖는 것들은 왜 어두워질까요
비를 몰고 온 구름이
세상의 표정을 지배하고 있어요
뒷걸음치듯 바람이 불어요
당신의 머릿결이
코끝에 닿는 것 같아요
긴 머리에서 풍기는 샴푸 냄새죠
아무 말 없이 언덕길 바라보면
물줄기를 이룬 빗물이
입소문처럼 무성하게 흘러가요
사랑도 머지않아 땅속으로 스미겠죠
갑작스레 돌풍이 불어와
뺨을 올려붙이고 가네요
키 작은 들풀의 속눈썹이
파르르 떨리고 있어요
자신을 바람에 내맡기지 말아요
온몸 푸르게 멍드는 것이

제발 사랑이라고 말하지 말아요

백합소녀

향기가 하도 좋아 고개를 드니
책꽂이 위에 백합 한 다발 놓여 있다
맞은 편 동료가 잠시 올려놓은 건데
꽃핀 쪽이 내게로 향해 있어
호흡마다 꽃내음이 밀려와 부딪힌다
가지런한 책들이 먼지로 귀를 덮고
사람들의 소음을 견디는 오후 한때
실링팬의 바람이 꽃잎을 들추자
까르르 웃음을 터트리는 백합소녀들
쭈뼛 고개 들고 密語를 속삭인다
향기는 바람의 물살을 타고
물에 떨어진 잉크처럼 퍼져나간다
담수호 같던 밀폐된 사무실에
바람이 불고 물결이 친다
야생화들이 일제히 나부낀다
저벅저벅 뚜벅뚜벅
책상과 의자를 오르내리는 물새들 사이
소녀들은 뭐가 그리 즐거운지
연신 꽃대궁이 휘도록 웃음을 못 참는다
그녀들의 웃음은 바람을 자아내고

나는 온몸의 가지를 세워 기지개를 켠다
매달렸던 피로가 몇 잎 떨어진 뒤
말라비틀어진 뿌리에 힘이 들어간다
이렇게 어린 소녀들과 데이트라니
문득, 그녀들의 손길에
무한정 나를 맡기고 싶어졌다

꽃은 나이를 먹지 않는다*

누가 꽃에게 나이를 먹이는지
해질 무렵 바람이 거세다
망초들은 그저 흔들릴 뿐
그 바람, 온통 내 얼굴에 와 부딪힌다
나는 들꽃의 표정으로 서서
바람에 호되게 충혈된 하늘을 올려다 본다
강풍에 줄 끊긴 연처럼 너울대는 새떼
나의 흐느낌은 점점 석양빛으로 물든다
어린 누이에게서 봉숭아 물 들인 나는
이제 돌배나무 가지 끝에 매달려 있다
바람에 시달린 꽃들이 우두커니
꽃대궁만 남아 애처로이 눈 감는 저녁
마을의 모든 빛이 사라진다

*문태준 시인의 「하늘궁전」에서 차용함.

촛불의 노래

타다 남은 심지의 낡은 외투깃을 세운다
기다렸다는 듯 바람이 촛불의 덜미를 잡는다
제발 날 놓아줘 희미한 눈동자가 떨린다
떨리기 전에 해치워야 했다
바람은 한치 앞도 헤아리지 않고
이슬 뱉는 밤의 순수함을 유린한다
썩지 않는 것들이 풀어놓은 어둠 속
길들이지 못해 안달이 난 바람이
만취객의 멱살을 잡아 흔든다
목소리만 남아 흔들리고 싶다던 사람
숨죽여 다독거리면 쉽게 성냥불이 옮겨 붙었지
모퉁이를 망설이던 불이 언제
뜨거운 덫을 놓아 버렸는지
찡그린 눈썹 모양의 심지가 된 것일까
징검다리 건너자고 세워놓았던 촛불들 사이
문은 또 언제 열렸는지 바람이 매섭게 불어
낡은 외투 깃에 스민 노래를 켠다

소주

해저녁 허기와 함께 찾아오는구려
사랑하는 그대여!
먼지가 유독 심하게 날리던 봄부터
노을에 붉게 젖은 집 벽을 타고
꽃가루처럼 분분한 그대의 체취는
돌무더기 밭 가운데 사는 내게
사색의 향기를 가져다 준다오
그대를 껴안아 무릎을 꿇고
하늘거리는 치마에 얼굴을 묻으면
세상 근심은 투명한 옷자락 너머로 밀려나고
우물 속같이 깜깜하던 하늘에
별이 뜨고 바람이 분다오
굵은 비가 사나운 기세로
집 벽의 돌 틈에 스미는 날이면
더욱 푸르러진 이파리 속 갓 익은 산딸기처럼
수줍게 고개를 내미는 그대여,
가냘픈 허리 차디찬 어깨 그 어디에
뜨거운 입김과 사랑을 숨겨놓았던 건가요
간밤에 내게 스며
하나가 됐던 그대의 영혼이

아침 부엌에 타인처럼 서 있는 모습으로
내 마음속 당신의 빈 자리는 더욱 커진다오
희끗한 눈발이 가지 위에 내려앉는 겨울까지
하루에도 여러 마리 다람쥐를
귀갓길에 만날 테지만
그대로 인해 나는 독한 생존을 참아내고
무색무취한 삶도 사랑할 수 있게 되었소
오, 나의 사랑하는 아내여!

춘분

낮이 길어지고 있습니다
겨울 동안 방치됐던 묵정밭에서
잔돌멩이들이 눈을 뜹니다
볕 좋은 하루가 노릇노릇 익어갑니다
너무 익은 부분을 바람이 식혀줍니다
그 가운데 당신이 놓아둔 삽 한 자루
햇볕을 받아 눈부시게 빛납니다
돌아온 시력을 다시 끌어당깁니다
참새가 밭두둑에 앉아 목을 빼더니
무리를 찾아 떠나갑니다
바람이 참새를 힘껏 밀어줍니다
기억의 저편, 우두커니 선 나무에
초록 기운이 감도는 것 같습니다
잎이 자라는 대로
운명의 손금도 알 수 있겠지요
당신이 지펴 논 봄기운이
초록 불꽃으로 타올라 세상을 달굽니다
내 그림자가 바람에 흔들리는 것도
이 불꽃의 일렁임 때문이겠지요
이제 바람과 불꽃에

음습한 나를 말려야 할 때입니다

빛나는 아침

지평선 끝자락
거대한 수레바퀴가
햇살을 튕기며 굴러오고 있다

눈 쌓인 고랑을 숨죽여 흐르는
연약한 물줄기처럼
이 우직한 땅이 끄는 수레를 타고
우리는 어디론가 향하는 것 아닐까

실패로 얼룩진 어제를 새로 시작하라고
세상은 밤새 눈이 내려 온통 백지상태다

신발들이 가득한 어느 초가집
굴뚝 위로 아침을 짓는 연기가 곧게 솟아오른다

눈 맑은 새가 앉아
골똘히 뭔가를 생각하던 자리
빈 나뭇가지가 흔들리며
은빛 종소리를 내고 있다

그림자 고양이

노을 진 담장 위로
고양이가 사뿐 지나간다
잘 익은 수박 한쪽 베어먹다
까만 씨 하나 무심코 내뱉는다
먹다 버린 수박씨가 쌓인 세상

3부 … 곳

나무그늘 상영관

옥수수 수염처럼 코끝을 간질이는 바람

찌르 찌르르 영사기를 돌리는 매미울음

흐르는 시냇물 돌 틈에 낀 여름 하늘

푸르게 쏟아져 내리는 몇 잎의 추억

새벽 경부선

그리운 시간을 남기고 기차는 가네
입장권과 승차권 사이 투명한 벽에 대고
내젓는 손짓, 화석이 되네
기차를 타면 눈물이 나
텅빈 역 그림자, 울타리에 기대어 스러지고
겨울 밤 공기가
종이컵 휘감던 커피의 온기를 지우네
한 잔 더 뽑을 수 없는 돈이라고
자판기가 돌려준 동전을 매만지며
무엇이 더 모자랐는지
곰곰이 생각하는 동안
철로 변에 낀 얼음 단단해지네
지나온 길 품고 있는 열차들
길게 하품하던 문 닫고
돌아갈 시간을 알리는데
멀디 먼 새벽 경부선
입석으로 흔들리던 사랑은
아직 그대로 서 있는가
열차가 스쳐갈 때 이는 바람으로
간이역들 추운 손을 떨듯

내 안에 어린 물기
돌아갈 자리 갖지 못한 채
꽁꽁 얼어가네

바퀴 잃은 자동차

국도 변에 승용차가 버려져 있다
누가 떼어갔는지
바퀴 한 쪽이 전혀 없는 상태로
심장 박동을 멈추고 있다
단 하루만 밀려나도 뿌옇게 낡아 가는 시간 속에
달리기를 포기당한 자동차
한 여자를 사랑했는데 배신당해서
먼지의 독수리에게 심장을 쪼이는 사나이

그는 휘발유 같은 열정으로
불붙기 전에 폭발해버리고 말았다
맨살로 고독의 길을 어루만지며
어딘가로 튕겨 나가 군살이 박히고 있을 바퀴
그는 심장의 한 귀퉁이를 상실하였고
출혈과다로 사망에 이른 것이다
어떤 이에겐 귤껍질같이 버려지는 사랑이
삶의 심장부일 수도 있는 것처럼
그의 심장은 그녀를 향해 질주하며 피흘리는
자동차의 네 바퀴였다

바퀴 잃은 굴대 밑으로
시커멓게 타버린 영혼의 그림자
어제를 짊어진 육신을 붙잡고
시간이 던지는 부식의 칼날에 베여
쓰러져 가고 있다

가슴이 뜨거운 이들에겐
세 바퀴로는 질주할 수 없는
숙명 같은 것이 있다

골고다 부근

버스가 눈 내린 도시를 질주한다
세렝게티에 찜통 더위가 기승하는 중에도
도시는 시린 바람을 십자가로 견디고 있다
사방이 골고다* 언덕이다
형벌도구가 교회의 정수리를 점령한 후
더 이상 예수는 십자가에 오르지 않는다
사자들은 바람에도 그물에도 걸리지 않게
세렝게티 초원에 갈비뼈 사원을 건축한다
눈이 온다 배고픔이 추위처럼 밀려든다
사자가 울분의 발톱을 세우자
짐승의 목덜미에서 피가 솟구친다
날선 십자가 끝에서 번영의 빛이 코팅된다
겟세마네**에서 골고다까지 교통이 나빠졌는지
버스가 앞으로 나가지 못한다
앞유리에 닿은 눈송이는
고통의 표면에서 미끄러진다
눈발은 이미 땅에 내려앉아 무표정하다
재롱둥이 새끼들의 털이 못 먹어서 까칠하다
환한 십자가 주변에서 쫓겨난 어둠이
전봇대에 완강히 달라 붙는다

넘어질 듯 무너질 듯
몇 가닥의 핏줄로 생명은 흐르고
위대한 섭리가 원시의 모습 그대로 보존된다
이곳은 이미, 골고다 부근까지
버스의 정체가 심한 편이다

*예루살렘 근교에 있는 언덕. 그리스도가 십자가에 못박힌 곳.

**예루살렘의 동쪽, 감람산의 서쪽 기슭에 있는 동산. 예수가 처형당하기 전날, 번뇌의 기도를 드리고 잡혀 간 곳.

비진도

비진도에 가보면 안다
무엇 때문에 모래가 뜨거운가를
막힘없이 불어오는 바람 앞에
맨발로 콩콩거리는 가슴을 붙들고
찰싹 찰싹 밀려드는 그리움에 젖다보면
시퍼런 바다 가운데서
옹이처럼 맺혀 있는 섬이
휘감겨오는 파도의 불꽃에
무방비로 달궈진다는 것을
그대 잊겠노라
몸속에 묵혀둔 진통제가
푸른 불꽃에 녹는 밤
선창에 꽂힌 깃발들은
바람의 매질을 받느라
내내 시끄러워진다는 것을
그리하여 밤새 뒤척인 아침 해가
핏발 선 눈을 뜨게 된다는 것을

신두리에서

새들은 날개가 꺾여 모래언덕을 넘지 못하고
해당화들은 바알간 얼굴로 숨을 고를 것이다
그녀는 지금쯤 언덕을 지났을까
수평선은 제자리에 있어도
바다는 황소걸음으로 빠져나간다
빛이 쏘인 곳에 새어나오는 눈물자국들
바람에 끌려 시위를 당기고 있는 砂丘들
모두 나를 향하고 마는가
바람무늬가 새겨진 물속
괴로움 하나가 옆으로 걸어간다
날마다 모습이 바뀌어 가는 언덕은
미래를 품을 수 없는 모래시계인지
새들은 날개가 꺾여 모래언덕을 넘지 못하고
열매를 맺기 시작한 해당화들은
한동안 제 안으로 꽃송이를 웅크리고 있을 것이다

탐진강

추억의 둑방길을 따라가다 보면
가지런히 쌓인 돌무더기 아래
전라도 인심만큼 널따란 강물을 만나곤 한다
먼 길을 깊게 내려오다 마을 앞에서
엉거주춤 자세를 낮추어주던 강
아이들은 할아버지에게 가서 안기듯
틈만 나면 강으로 뛰어들어 물장구질 쳤다
물줄기 따라 펼쳐지는 태양의 검은 질주 속
그림자로 자맥질하던 발가벗은 아이들
햇볕에 그을린 채로 돌아가 잠든 밤
개구리들의 시끄러운 옹알이 속에서도
벼들은 강의 젖꼭지를 물고 무럭무럭 커갔다
그해 여름이 끝나가던 무렵, 먹구름이
가난처럼 몰려왔고 마을에는
연일 비가 내려 강변에서의 추억들은
하나둘씩 황톳물에 휩쓸려 갔다
강진을 떠나 가난을 떠나 다다른 장흥에서
슬픔이 홍수처럼 차올라 위험수위를 넘나들자
우리는 강을 떠나 살아야만 했다
그 뒤로 다시는 강을 찾지 않아서

강의 추억을 모두 다 잊고 살았으나
강은 이제 물줄기를 돌려 내 안에 흐르고 있음을
여전히 맨발로 강가를 서성이는
삼십대의 나를 보고 알 수 있었다

경포대

바다가 혀를 놀려 입술을 더듬자
모래밭이 뜨겁게 달아올랐다
파도가 뿌리부터 솟아올랐는지
해안 바위들을 휘감다 부서졌다
태양이 구름 한 오라기 걸치지 않은 채,
부끄러운 낯을 붉힌 오후
두 사람이 머물다 떠난 자리에
열망이 모래알처럼 떨어져 있었다

저녁 풍경

뒤곁에 나서니 웬 돌개바람인지
대나무밭에서 한바탕 빗소리 난다
저녁 구름들이 나몰라라
제 먼 집 향해 발걸음 재촉해도
해종일 노래하느라 지친 새들은
여전히 고운 목소리 엮어내고 있다
들판에 누가 지펴 논 군불은
하얀 연기만 내며 사그라지는데
그 냄새 내게 와 닿자
가슴속 꺼져가던 불씨들이
마지막 불꽃으로 타오른다

저녁밥 짓는 냄새처럼 번져오는 그리움

슬픈 비행

새

순한 발걸음 내딛는 양떼구름 너머
너의 날갯짓은 나의 그리움을 팽창시키지
나는 새들은 가던 힘으로 빛의 화살을 물고
푸른빛이 엷어질 때까지 낮은 하늘을 찔러대지
녀석들의 호기심에 내 마음은 투명하게 지워지고
여름밤의 꿈은 별들의 감옥에 갇혀갈 테지

풍선

부푼 풍선들이 꼬리 흔들며 솟아오르지
놀란 새들도 덩달아 날아올라
부리 끝으로 내 그리움을 터트리지
풀밭에 환한 빛줄기가 굵어지고
피할 곳 없는 나는 온통 젖어버리고 말지
사랑, 그 감미로운 하늘은
닿기도 전에 터진 내 풍선들의 무덤이지
오래전 우주미아가 된 내 영혼도
그 어디쯤 하늘까지 날아올랐을까

그 속에 담겨있던 것은
빛이었을까 슬픔이었을까

꽃

구름의 그림자가 슬프게 흔들릴 때
언덕에 핀 꽃들은 바람개비 돌지
푸른 꿈 붉은 멍 지닌 것들은
슬픔의 뿌리가 길어서 제자리를 맴돌 뿐
그러다 지쳐 대지의 잠에 빠져들겠지
대지가 큰 하품과 함께 몸을 들썩인다면
꽃가루 가득 날리는 꿈을 꾸다가
이 슬픈 비행은 다시 시작되겠지

표류기

오누이처럼 닮은 우리는 육지와 섬이어서
배가 닿을 수 있는 만큼만 사랑하였네
먹이를 찾아 육지로 날아들던 새들이
몸을 털며 돌아간 뒤
바다가 깊어지는 소리
그대가 마음을 닫는 소리였네
치솟는 파도가
뱃길 위를 숨 가쁘게 꿈틀대면
그대는 무수한 암초 뒤로 숨어들었네 그러나
암초가 없었던들 사랑이나 했겠는가
내 갈비뼈 같은 것들이여
육지의 끝자락이여
정녕 배를 댈 수는 없었네
길과 길 아닌 것의 다툼에서
표류는 예정된 것이어서
한 발치 가까웠던 갯벌을 지우더라도
저절로 길이 열리는 것으로 족했네
해안가에 파도가 거칠게 일던 때부터
사랑이 난무하던 中世의 바다를 이루기까지
가슴앓이 하던 배는 어느 퇴적층에 매몰되어

수압에 마음 졸이는 보물선이 될 것을 생각했네

아홉 번째 다리

사랑니를 뽑았다 이제
봄볕같이 파고드는 아픔은 없을 것이다
마을버스가 고단하게 출발하는 정류장
아홉 번째 다리에서 맞이해 줄 너는 없다

조금만 더 자랐으면 어쩔 수 없었겠네요
의사의 말이 신발 끝에서 질척일 때
뿌리 뻗지 못한 것들 발버둥을 치는지
나는 잠시 발을 헛딛고 그때 튄 물은
등 돌리고 서있는 너의 귓바퀴를 적셨을까

두 시간 동안, 거즈를 물어야 했다
디딜 곳 없는 자리
피 묻은 구름이 오래 머물수록
水位만 높아져
거리의 가로수 모두 물에 잠기고
물풀처럼 하늘거리는 거리
수심 깊은 곳이라는 팻말처럼 서서
아침 물안개 속으로 사라지던 너는

반지하의 아침

한 여자, 가스레인지 앞에서 까만 머릿결을 추스르고 있다 불끈 일어나 뒤에서 껴안고 싶다 불꽃의 아우성처럼 사랑도 점화된다면 밸브를 늘 열어두어야 하리 파란 불꽃이 신호등을 켜면 마음이 먼저 발걸음을 내딛는다 이사 올 때부터 열어놓았던 창에서 추운 입김이 쏟아져 나온다 幻風에 시달린 것일까 손을 뻰자 끄르륵 소화불량이던 창이 트림하며 닫힌다 체증이 내려간 자리는 허전하고 반지하 공기는 커피 맛이 난다 곤두서는 날들, 라면이 부글부글 끓어 넘친다 달아오르지 못하는 것들만 둥둥 떠다닌다 아침인데도 이웃 반지하에서는 새댁의 신음소리가 젓가락질 사이로 들려온다 남들 발자국 높이에는 보이지 않는 확성기가 설치돼 있군 흘리지 않도록 라면을 먹는다 언제부터 이렇게 조심스러웠는지, 창 밖으로 고양이가 살짝 울고 지나간다 순간 젓가락을 내던지고 밥을 다시 얹는다 옆집 냄비가 센불에 끓어 넘치는 소리 들린다

이층 찻집

할로겐 불빛을 벗어난 자리는 어두웠다
그녀의 얼굴은 불빛 사이를 옮겨 다녔다
터널을 지나는 버스 유리에 비친 내 모습처럼
어둠 속에서도 눈동자만은 선명했다
침묵으로 모든 것을 말할 수 있었기에
우리는 아무 얘기도 하지 않았다
낡은 선풍기가 안개 자욱한 침묵을 몰아내려
해소 기침을 하는 덕분에 잠깐 헛기침
비가 오고 난 뒤라 마음은 더욱 질척였다
펄펄 끓는 마음은 이제 퉁퉁 불어
아무도 젓가락질 하지 않을 것이다
그녀는 다이아몬드날로 이별을 준비했고
나의 사랑은 퇴적암도 못 되었다
그녀는 다 식은 블랙커피를 마셨고
가죽 소파의 안락함과 한통속이 되어갔다
양쪽 어깨가 젖은 나의 누추함을
선풍기 바람에 말릴 수는 없었다
테이블 위에 낀 먹구름이
내 마음속 저기압골로만 스며들었다
이렇게 되려고 여기까지 온 것은 아니다

어두운 터널 속에서 나는 상향등을 켰다
허나 그녀는 맞대응하지 않고
능숙한 속도로 빠져나갔다
그녀가 가고 난 뒤 테이블 위엔
한 조각도 먹지 않은 롤케이크가
잘게 썰린 채 그대로 남아 있었다

4부 삶

피리

답답한 가슴일 때 휘파람을 부네
구멍 뚫린 육신에서 바람이 빠져 나가네
타락한 영혼에서도 이처럼 맑은 소리 날 수 있다면
나의 삶은 더 이상 시가 아니어도 좋겠네
내 안에 눌어붙은 것들이여
청량한 소리 따라 세상 구경 해보시게
한숨보다 높은 음역에서 삶을 누리시게
울림통을 타고 눈물들이 올라오네
차오르는 눈물들이 소리를 밀어 올리네
이 작은 감옥이 소리의 빛을 발산하나니
사람들이여, 손가락을 움직여
자기 몸에 스민 모든 희망을 연주하자
마지막 남은 희망까지를 다 연주하고서
불쌍한 자기를 내동댕이치라
우리는 모두 하나의 악기로 타고 났으나
무언가에 막혀 소리를 내지 못하는 신세

팔리지 않는 집으로

태풍이 몰려온다
어머니가 나무처럼 서서 문을 따주신다
바람이 현관문 열리는 틈으로
따라 와 소란 피운다 어머니,
태풍의 눈 안쪽에서 방문을 잠그신다

바람에 흔들리는 나뭇가지들은
많은 것을 묻는다
그럴 때마다 더 센 바람을 일으켜
잔가지들 분질러 버린다
어머니 눈 속을 떠도는 불안한 회오리
樹液은 부러진 가지 끝에 번지고

싸늘한 정적이 안방문 밖을 에두른다
괘종시계가 못 견디겠다는 듯 새벽에도 소리친다
건넌방은 아버지의 목청
위층에서 쏟은 물이 수시로 관을 타고 떨어진다
오줌이 마려워도 참는다

태풍이 사는 방 옆에서

어둠의 무늬를 짐 지고 있는 나무
어머니는 이 집이 팔릴 때까지 그의 부장품이다

쉬지 않는 가수

재즈 가수의 목 잠긴 일생이 흘러간다
다친 물고기처럼 어머니, 눕는다
나는 포위망을 넓힐 줄 몰랐다
그물코에 걸려 있는 비늘들

어리석게도 널 원했어*, 지느러미 잘린 빌리 홀리데이
엉거주춤 나는 그물질을 하고 있다
신경 안정제가 뭐 별거냐, 궁지에 몰린
어머니, 강물 속으로 깊이 헤엄친다
출렁이는 결도 무늬도 없는 그림자
그것은 나일까, 어머니일까
입술에서 피가 새어 나온다 이 상처로
턴테이블이 어느새 한 바퀴를 돌고 있다

하루 종일 목이 쉬지 않는 가수
어머니 눈썹이 풀죽은 채 떨고 있다
니가 얼만큼 나를 미워하는지 안다
아니에요 그게 아니에요
입을 벌릴 때마다 비린내가 진동한다

어머니, 우린 모두 어리석은 물고기인 걸요

*빌리 홀리데이의 노래 제목이자 가사. I' m a fool to want you.

할아버지의 冬蟲夏草

연통 끝에 매달린 누룻한 실고드름

저 살겠다고 객지로 흩어진 자식들 같은,

수염을 할아버지는 엉망으로 달고 있다

베고 또 베어도 자라는 불초

주름살 깊은 세월을 비집고

상처 위에 덧나는 줄기

그것이 제 살인 줄 알고

함부로 깎지 못하는

나의 할아버지

나는 좋은 시를 외지 못할 것이네

시가 써지지 않을 땐 두꺼운 손목을 보네
예리한 칼에 닿아도 피 한 방울 울어보지 못할 군살들
살면서 내가 나를 죽인 살의 무덤
그 안에 갇혀있는 것들이 흐느끼고 있네

애착하는 만큼 버릴 게 많은 삶은
못 사는 집 이사 가는 날처럼 자욱한 먼지가 나네
시작도 내 것이 아니었지만
아직도 붙잡으면 미끌리는 廢油 속 인생
아버지의 작업복이 걸린 그 자리에 서서
얼마나 생을 부정하였던가

동네 꼬마도
학생이 셋인 우리보다 책이 많았지만
동물원내 시립도서관이
아이 걸음으로 삼십 분 거리여서
하루 종일 있는 날도 있었지만
정년이 다된 사서의 성희롱이
다시 아버지의 폭력 속으로 나를 데리고 갔네

펜을 잡은 손목이 낯익은 열등감으로
녹슨 수갑을 차고 있을 때
더는 누구의 짐도 물려받지 않기 위해
슬픈 여과지 같은 詩를 사랑하게 되었고
짐짓 시인 흉내도 내어보네

좋은 시는 자꾸 보고 싶어져서
저절로 암송돼야 하는 것인데
좋은 시일수록
아물리는 상처를 건드리는 바람에
하여 나는 좋은 시를 외지 못할 것이네

시는 첫사랑의 추억으로 다가와
뒤틀린 나를 일으켜 세우며
지나간 일들을 이제 그만 놓아주라고
두꺼운 손목을 나무라듯 바라보고 있으니
나도 세상도 뒷골목의 한 패거리인 것을

지금은 웃고 있을 내 아닌 것들과
그것들이 누렸을 세상의 편이에 대해

조롱과 찬사의 징표를 세우려 하네

거미줄 미소

언제부턴가 안방에 거미줄이 생겼다 줄을 따라가 보니 거미 한 마리가 있는데 아주 작은 새끼다 그 작은 것이 먹고 살겠다고 배운 적도 없는 사냥을 흉내내며 벌써 그럴듯한 그물을 만들어낸 걸까 거미의 보일 듯 말 듯 까만 눈동자가 그렇다고 얘기하는 것도 같았다

어느 볕 좋은 날 창문을 열어놓았더니 나비 한 쌍이 날아든 적 있다 나비들은 경계의 날갯짓을 보이며 행여나 있을 위험에 대비했으나 그만 거미줄에 걸리고 말았다 그때, 새끼 거미는 발사대를 떠난 핀볼처럼 재빠르게 덤벼들어 먹잇감을 꽁꽁 묶어 버렸다 그 뒤로도 녀석의 사냥은 계속되었는데 곤충들은 대부분 녀석의 점액질이 제 몸을 감는 줄도 모르고 당하고 말았다

녀석이 사냥에 뛰어난 데는 그만한 이유가 있다 보통의 거미와 달리, 녀석의 점액질에는 낚싯바늘 같은 母音이 섞여 있어 초음파로 먹잇감을 찾듯 정확히 포획하기 때문이다 그러니 먹잇감들은 유충이라 얕봤다가 걸려들면 그걸로 끝이었던 셈이다

녀석은 사냥이 끝나도 나태한 법이 없다 내일의 출항을 염려하는 어부와 같이 바쁜 손놀림으로 먹잇감이 저항할 때 생긴 거미줄의 파손 부위를 섬세하게 보수한다 그러다 간혹 부지런한 움직임 끝에 허기가 찾아오는지 제 손도 연신 점액을 뿌려 먹으려 든다

물론 녀석에게도 약점은 있다 그것은 아직 유충이라 다리가 약하다는 것 그래서 가끔 먹잇감이 거미줄을 찢고 화장실로 건넌방으로 달아날 때에는 배를 깔고 힘들게 기어야만 한다 그것이 이 집에 기거하는 약자들에겐 유일한 구원이다

쉿!
또 누가 그물을 건드렸는지
안방에서 자던 거미가 몸부림을 친다

열대어

아기는 짝눈으로 태어났다
海底처럼 고요한 엄마 뱃속에
식인상어라도 살았던 걸까
아니면 높은 수압을 감당치 못했던 걸까
가제 손수건보다 더 보드라운
아기의 평화가 깨어진 흔적
아내는 아기에게
예쁜 눈을 만들어주고 싶어
잉어의 맑은 눈빛을 쓴약 삼키듯
목으로 털어 넘겼는데
엄마의 수고를 아는지 모르는지
아기의 눈은 짝짝이다
애들은 처음에 다 그렇다
수화기 너머로 장거리를 달려온
어머니 목소리가 귓가에 걸려
하얗게 부서지고 있었다
넓은 바다 깊은 수심 견디느라
등껍질 단단해진 고래 한 마리
수면에 떠올라 물을 뿜고 있었다
초음파 사진 속 흑백 세계에서

여태껏 자라온 어린 물고기는
많이도 모자라 보이는 눈으로
난바다 코발트 블루 물결이 되겠지
아가, 아빠가 미안하구나
산부인과 응접실 수조에서
열대어가 물방울을 내뱉고 있었다

睡蓮

—죽은 누이에게

영양실조 걸린 양공주처럼
누이의 처진 어깨
약물에 취한 듯 흐느적인다
왜 약을 먹었을까?
누이는 언청이로 태어났다
내 자리인 줄만 알았던
골목 끝 단칸방 언성 높은 집의 셋째
때 절은 슬픔의 아둔한 담장 너머
바람에 날려간 누이의 생은
어느 연못가에 안착하여
깊은 수심을 펼치고 있을까

내 어린 누이의 유년이여!
왜 약을 먹고, 만 것일까
맨땅에 한 발짝도 못 디딘 누이여
이제는 그 어느 땅에 등을 대고 누워 있느냐
기억의 배냇저고리와
탯줄과 지문과 눈물을
미물들에게 갉아 먹히고
빗방울 하나로 수증기처럼 날아올랐을,

그리하여 내가 디딘 발을
더욱 무겁고 아프게 했을
너의 죽음

누이의 피지 못한 생이 증발하던 그날
세상 연못에 작은 파문으로
수련이 피어오르던 날부터
어머니는 울음을 삼켜왔지만
슬픔은 두꺼비 등껍질
지표수에 둥둥 뜨는
눈물은 무지갯빛 기름띠

큰 상처로 무너지듯
물 위에 주저앉은 내 누이여!
운명 사이로 쏟아지는 빗줄기에도
네 잎은 한 번도 젖은 적이 없구나
언제나 떠 있을 줄 아는 네 슬픔에게
긴 다리와 큰 날개를 지닌
추억을 달아주고 싶구나
수면에 비친 내 그림자인 누이여!

항해 일기

흰색 커튼을 드리운 듯 안개 낀 바다에
주춤했던 비가 다시 쏟아질 추세다
검은 물결의 날 위에서 바람이 춤을 추고
판화 속 풍경처럼 배가 나아간다
누구도 항법장치로는 찾을 수 없다는 곳을
해류변화가 심해서 좌초될 수 있다는 곳을
나침반과 지도에만 의존하여 찾아갈 것이다
산다는 것은 항로를 이탈한 배들과 수시로 만나는 일
잦은 충돌의 상처는 긴 항해의 흔적이다
가끔은 기관고장으로 표류할지라도
갈 길은 저 머나먼 별들의 고향
한 잔의 달에 강렬했던 햇살의 취기를 담고
사람이 그리울 때만 닻을 내리리
해도 위 어지러운 추억의 선들을 따라
밍크고래가 긴 수염을 단장하는 곳에서
배의 수명처럼 나는 늙으리

바닥

아내의 빈 자리에
가을 햇살 내립니다
바람도 염탐하는지
창틀 사이를 파고들고요
목소리를 티브이에게 내주고
하루 종일 이불에 누워
바닥 흉내 내봅니다
이 생의 저편에서
우리가 맞닿은 적 있을까요
보푸라기 일어난 이불 위
솔가리 같은 머리카락이
떼어낼 수 없게 그리워,
다시 뜬 눈 감았더니
아내의 빈 자리가 가슴속에서
바람을 부르는 소리 들립니다
바람에게 들키지 않으려고
나 이불 밑바닥으로 파고듭니다

어머니의 독서

새벽에 도둑이 들고
경찰관이 아침에 권총자살했다
공장에서 폐수가 흘러들었고
사람들이 둥둥 떼죽음을 당했다

얘, 너는 촌지 같은 거 받지 마라
요즘 세상은 그렇지 않아요
어머니는 어두운 방에 엎드려
책 표지를 읽고 있다
몸에 나쁜 술을 왜 자꾸 먹니?
앞으로 몇 명은 더 만나야 하는 걸요
내가 반은 의사다
하지만 일하자니 힘들어서 마셔요

이른 아침
나의 거푸집, 어머니는
내가 벗어놓은 잠옷으로 집을 삼는다
싯푸른 빛을 내뿜는 티브이는
출가한 자식들이 가는 곳마다
카메라를 들이대며 인터뷰를 시도한다

세상은 웃자란 아이들에게
숨을 곳 없는 작은 둥지
의약의 기적으로 살아남은 아이들이 거리를 활보한다
방화처럼 살인이 번져나가고
돌아보면 소금기둥이 되는 세상

혼자 있는 집은 수용소 같아
너 나간 뒤엔 티브이만이 볼거리구나
커튼을 쳐놓은 방 안에서
불꽃 튀는 목소리를 가진 상자 앞에서, 어머니는
금 간 영혼에 용접을 가하는 중이다

화산 폭발

활동의 조짐을 보이던 화산이
새벽 세 시경 방에서 터져오른다
천지의 요란한 울림과 함께
용암의 분출이 시작된 것이다
황급히 손수건으로 아기의 입을 닦고
일으켜 세워 트림을 시도하지만
목도 가눌 수 없는 화산은 가슴팍에
코를 박고 용암을 더 게워낼 뿐이다
나는 화산의 등을 거칠게 토닥인다
알 수 없는 외마디 소리를 내며
화산은 괴로워하고
분화구까지 올라왔던 용암들이
깊은 땅 밑으로 가라앉는 신호음이 울린다
이제 됐다고 안도의 한숨을 내쉬지만
화산의 활동은 여기서 끝난 것이 아니다
용암은 적잖이 흘러내렸고
작은 폭발이 아직 연쇄반응 중에 있다
몇 시간이 지나야 화산은 잠잠해질까
언제쯤 되어야 휴화산이 될 것인가
고민을 안고 잠깐 눈을 붙인 게

깨어보니 아침이다

바람불던 집

1.
매운바람이 그해 가을을 흔들어 놓아
어머니와 누이가 주저앉는 곳을 볼 수 없었다
시계를 들여다보았다 떠돌고 있는 피붙이들,
골목 꼭대기에서 비릿한 찬송가 들려왔다
욕할 수 없거든 차라리 찬송하고 싶어
예배가 끝나도 어머니는 내려오지 않고
비 오는 일요일, 젖지 못한 것들만 혼자였다

2.
뒤집혀진 우산에서 빗물이 새고 있었다
슬픈 것들은 왜 낙차가 큰 것인지
방에 누워 종이배를 접었다 한쪽에서
물방울이 슬금슬금 다가왔다 쥐새끼 같은 놈
티브이가 고함을 쳤다 바람이 세게 불어 문이 열렸다
유리문 밖엔 누가 서있는 것같이 낮인데도 어두웠고
빈 바가지가 수돗가를 구르다 금가고 있었다

3.
셋방 남자는 드라마가 끝나도록
곰팡이 슨 벽지처럼 기침소리를 냈다
쥐가 문지방을 긁어댄 틈으로
아버지 입김이 웃풍을 타고 들어왔다
날카로운 구두소리 들리지 않는
단칸의 꺼져드는 방구들 아래
버들개지들이 추위에 떨고 있었다

팔십 년대의 봄

환쟁이의 엉터리 그림을
극장 간판으로 쓰던 시절
영화 속 여주인공의 옷차림새는
눈 녹은 거리처럼 아찔했습니다
버스들은 그녀의 벌리고 선 다리 사이에다
품고 온 승객들을 부려 놓고 나서
모르는 척 피스톤 운동하며 떠나갔습니다
그때마다 구식 엔진을 단 버스는
큰소리치며 흑심을 뭉텅 쏟아냈습니다
그녀의 각선미 때문인지
구식 엔진 때문인지
멋모르는 아이들은 머리가 아팠지만
구식 엔진과 삼류 영화는
멋들어진 남성들의 문화였나 봅니다
봄 햇살이 플래시를 터트리는 날,
거리의 여자들은
갑갑한 그림 속을 빠져나와
짧은 치마에 굽을 세우고
환각제 같은 꽃씨를 날렸습니다
그 꽃씨들 우리 집 화단까지 날아와

풀들이 금세 가뭇가뭇 자라났습니다
아버지는 버스를 운전하시느라
언제나 출타 중이셨고
아버지 외투 주머니에 손을 넣으면
자잘한 꽃씨가 손톱 끝에 끼곤 했습니다

● 해설 ●

고독한 이방인의 길 찾기

신진숙(문학평론가)

장승진 시인의 시집은 한 권의 지도책과 같다. 이 말은 어떤 형이상학적 의도를 품지 않는다. 상투적인 인생에 대한 비유도 아니다. 그것은 오히려 실제 길에 관한 이야기다. 즉, 장승진의 시들은 각기 하나의 고유한 장소와 기억을 점유한다. 서로 연결되기도 하고, 분리되기도 한다. 미세한 감각들의 길이 펼쳐지지만, 어떤 분명한 초점은 없다. 마치 지도책에 그려진 무수한 길들처럼 그의 시는 삶을 조감한다. 시인이 일상과 무의식의 욕망, 현실과 그 너머, 도시와 자연, 자유와 부자유 사이를 오갈 때 그의 시들은 어떤 분명한 의도로 통합되지 않는 것이 사실이다. 한 편마다 각기 고유한 장소와 기억들이 살아 있으며, 때로 그것은 서로 다른 시공간에 존재하는 것처럼 빛난다. 어쩌면 이것은 그의 시가 물리적으로 긴 시간 동안 조금씩 씌어졌기 때문일지도 모른다. 아마도 그것은 분명한 사실일 것이다. 그러나 그것은 장승진 시인에게 본질적인 것으로 읽혀진다. 그는 어떤 특정 길 혹은 해답을 회의한다. 진실은 종종 위장과 구분되지 않기 때문이다. 시인이 추구할 수 있는 단 하나의 진실은 구성될 수 없거나 지연된다.

필자는 이러한 장승진 시인의 시가 지닌 복잡한 미로들을 펼쳐놓고, 그가 살았던 혹은 지금도 살고 있는, 아니면 살 수 없었던 공간이 무엇인지 그리고 그 속에 숨겨진 시인의 내밀한 기억과 진실이 무엇인지 재구성해 보고자 한다. 특히, 도시-자연-집으로 이어진 삼각 프리즘을 통해 꿈의 내용을 살펴보는 것은 그의 시를 한층 더 의미 있게 보여줄 수 있을 것으로 믿는다. 그것은 시인이 서성였던 수많은 길들을 다시 걸으며, 시인과 함께 길 찾기 하는 일이 될 것이다.

도시, 그 불편한 상상

도시는 상상을 불허한다. 도시에서의 삶은 자유롭지만 그것은 친밀감의 상실을 대가로 한다. 그 속에서는 누구나 익명적으로 숨을 쉰다. 어떤 의미에서 익명성은 도시를 구성하는 원천이다. 익명적이지 않다면 대도시가 지니는 특유의 활력은 불가능하다. 도시에서는 모든 것이 변한다. 그러나 그것은 기계주의적인 무한한 반복과 복제일 뿐 전적으로 새로운 것은 없다. 새로움은 새로움을 위장할 뿐이다. 변화는 유행이 되고, 혁명은 원천적으로 자본주의적이다. 도시에서의 미학적 시선이

란 이러한 법칙들과의 불편한 동거이다.

장승진 시인은 이러한 도시의 외곽을 떠돈다. 그는 자신이 살고 있는 도시를 이방인처럼 대한다. 그에게 도시는 "防腐"(「비린내」)처리된 공간이며, 도시에서는 꿈꾸며 잠들 수 없다. 꿈은 단절되거나 단속된다. 그럼에도 시인은 꿈꾸는 일을 중단할 수는 없다. 시적 고통은 바로 거기에서 출발한다.

> 고등어가 도심 한복판으로 헤엄쳐 들어왔다 표정으로 멀었던 여정을 말하며 회한 섞인 바다내음을 풍기고 있다 비지땀처럼 흐르는 슬픔에 부식되지 않는 몸뚱이도 있던가 좌판에 놓인 조각들이 추억을 防腐하는 중에도 고등어는 온몸에서 일어나는 鄕愁를 어쩔 수 없다 식인상어의 눈초리로 좌판을 탐색하는 사람들, 붉게 핏물 든 오후 햇살이 도마에 넘실대면 죽은 바다를 짊어지고 집으로 향한다 그들은 검푸른 저녁이 버려진 내장같이 엄습하는 것을 알까 카바이드 불빛 아래 뚝뚝 떨어져 내리는 피톨들이 다시 바다를 향하는 마음을 알까 어물전 주인은 지직거리던 고물라디오를 끈다 망할 놈의 라디오! 그러나 잡음 속에 들려오던 뚜렷한 소리가 시장길 곳곳에서 역겹게 그리운 비린내를 풍기고 있다
>
> –「비린내」 전문

도시와 바다는 화해할 수 없다. 자본주의 세계에서 둘 사이를 매개하는 것은 시장뿐이다. 바다는 물신적인 다른 모든 상품들과 함께 상품 진열대에 나란히 전시된다. 그리고 팔려나가

길 기다린다. 바다가 하나의 '상품-고등어'로 교환되는 순간이다. 시인은 이러한 바다와 도시, 어디에도 속할 수 없는 존재이다. 따라서 그의 시선은 겹쳐진다. 도시와 바다가 중첩된다. 그는 도시 한복판에서도 "잡음 속에 들려오는 뚜렷한 소리"를 듣는다. 그것은 시인이 "고장 난 고물라디오"처럼, 도시의 주민이면서도 온전히는 그곳에 속할 수 없는 존재임을 보여준다. 그는 "온몸에서 일어나는 鄕愁", "바다를 향한 마음"을 지울 수 없다. 그것은 숙명처럼 시인을 따라다닌다.

> 인도는 아파트 건설 현장 앞에서 끊겨 있다 '공사 중 주의'라는 말을 온몸으로 실천하려는 듯 담벼락이 곧 쓰러질 듯한 기세다 공사용 자재들은 여러 날 동안 거리를 점거 중이다 천공기가 철제빔을 뿌리내리는지 마른하늘에 천둥 치는 소리 들린다 단죄의 송곳을 쥔 쪽이 새카만 숨을 내쉴 때마다 고장 난 미싱 밑으로 숨던 어린 시절이 뚜벅뚜벅 계단을 올라 현관문 앞에 당도한다 파 내려갈수록 이해 안 되는 물음들은 흙더미처럼 불어나고 포크레인이 범죄의 증거물을 감추는 살인자처럼 재빨리 덤프트럭에 퍼담을 것이다
>
> -「아파트 건설 현장」 부분

따라서 도시적 삶은 거리에서의 삶과 다르지 않다. 내밀하고 변화하지 않는 온전한 하나의 집은 도시 어디에도 없다. 그러나 집은 일시적이고 몰감수적인 공간의 복제로는 완성될 수 없다. 그것은 편리함과 합리성만으로는 구성될 수 없는 어떤 것

이다. 그 속을 살아가는 자의 기억과 추억, 공포와 욕망이 집을 집으로 만든다. "고장 난 미싱 밑으로 숨던 어린 시절"이 공간을 장소로 변화시키는 것이다. 그러나 아파트는 "증거물을 감추는 살인자"처럼, 기억들을 매장한다. 그런 의미에서 "아파트"는 가장 전형적인 도시적 공간이다. 아파트를 끊임없이 세우는 도시는 역설적으로 가장 깊은 그늘을 거느리게 되며, 그것은 바로 이러한 공간의 몰기억 때문이라고 말할 수 있다. 이제 세계는 "단단한" 콘크리트 사막 속에 갇혀 버린다. "공사 중 주의"라는 푯말이 서 있는 풍경이 지극히 일상적인 것처럼, 삶은 지속성을 잃어버린다

지속가능한 진실들

그렇다면 시인이 추구하는 삶은 어떤 공간과 연관되는가. 도시가 지닌 번잡함과 반복성, 일시성을 벗어나는 공간은 어디인가. 시인은 도시의 외곽을 떠돌며 지속성과 기억을 지닌 공간을 찾는다. 그것은 거의 "집착"처럼 시인을 사로잡는다. 그리고 모두가 버리고 간 어떤 "빈집"(「집착」) 앞에 서 있게 된다.

> 문틀에 못자국이 많은 집은 해묵은 망치질 소리가 난다 어디선가 바람이 들고, 단단한 바람의 머리가 부딪힌 흔적이 즐비하다 그때마다 빈집은 누군가 들어온 것처럼 덜그럭거리고 내 심전도 수치가 가파른 산을 그린다 겨울 햇살이 감기약처럼 몸을

휘감고 꽃들은 창가에서 꾸벅 졸고 있다 목마른 식물의 마음으로 인기척에 온몸의 귀를 연다 집을 지은 이는 이미 오래전에 이사를 떠났지만 부러진 의자 몇 개와 한 곳이 오래 눌려 구멍 뚫린 레코드판이 아직도 전축 위에 그대로 놓여 있다 목소리가 퇴화된 자는 상념으로 가득찬 눈을 갖게 된단 말인가? 다만 폭설처럼 내려앉은 먼지밭에서 벽시계만이 생명의 온기를 지녔다는 듯 재깍재깍 심장소리를 내며 돌아가고 있다 시간이 정적과 살을 섞는 소리와 그 소리를 듣고 있는 귀처럼 집은 못이 빠진 자리미다 귓구멍을 매달고 있다 귀를 막아도 소리가 들리는 이때

–「집착」 전문

빈집을 하나의 의미 있는 장소로 변화시키는 것은 무엇인가. 그것은 아마도 기억의 지속성일 것이다. 모든 것이 상투적으로 반복되고 복제되는 도시의 수많은 화려한 콘크리트 집들과 달리, 버려진 빈집은 스스로 "상념"에 젖을 줄 안다. 먼지밭에서 발견한 "생명의 온기를 지녔다는 듯 재깍재깍 심장소리를 내며 돌아가고 있"는 벽시계처럼, 삶이 끝난 후에도 집은 집이라는 본성을 잃지 않는다. "문틀에 못자국이 많은" 빈집의 흔적들은 지워지지 않는다. "어디선가 바람이 들고, 단단한 바람의 머리가 부딪힌 흔적이 즐비하다". 여전히 "누군가 들어온 것처럼 덜그럭"거리게 된다. 하나의 생명처럼 살아 움직인다. 삶이 기억 속에 각인되듯, 집은 그곳에 거주하였던 모든 삶의 흔적들을 끌어안는다. 그리고 누구보다 잘 듣는 "귀"가 된다. 공간이 시

간의 영원성에 근접하는 순간이다. 시인은 도시의 바깥에 버려진 빈집에서 모든 것이 사라진 후에도, 지속되는 삶의 의미를 발견한다. 일회적이지만 어떤 숭고한 시간과 경험 속으로 인도하는 자연의 흐름을 시인은 기억해낸다.

옥수수 수염처럼 코끝을 간질이는 바람

찌르 찌르르 영사기를 돌리는 매미울음

흐르는 시냇물 돌 틈에 낀 여름 하늘

푸르게 쏟아져 내리는 몇 잎의 추억

—「나무그늘 상영관」 전문

확실히 도시의 건축물들은 자연의 시간에 기댄 어떤 아우라를 상실한다. 자본주의 세계는 삶으로의 침잠을 원천적으로 봉쇄한다. 어떤 풍경도 몰입을 허용하지 않는다. 그것은 언제나 산만한 분산을 요구할 뿐, “상념”을 필요로 하지 않는다. 그러나 기술적으로 복제 가능한 삶은 삶이 아니다. 자연이 만들어내는 이미지는 한 번도 반복하지 않으면서 영원히 지속된다는 점에서 삶의 본질이 무엇인지 잘 보여준다. 자연이 만들어내는 영상은 단 한 번뿐이며, 복제할 수 없는 순간들이 무한하게 펼쳐져 있다. 벤야민은 우리가 “지평선의 산맥이나 나뭇가지를 따라갈 때” 그것은 “산이나 나뭇가지의 아우라를 숨 쉰다는 뜻"이라고 말한 바 있다. "옥수수 수염처럼 코끝을 간질이는 바람"과 "영사기를 돌리는 매미울음", 그리고 그 속에 서 있는 추억을 간직한 나, 이 모든 것이 하나의 흐름으로 그려지는 풍경이야말로 아우라에 대한 회상이 아닐 수 없다. 그때의 세계는 서로에게 잠기어, 심미적 동심원을 그려내는데, 이는 도시에서는 결코 완전히 느낄 수 없었던 감성의 집중을 끌어낸다. 자연이 만들어내는 "그늘상영관"이야말로 "음습한 나를 말"(「춘분」)릴 수 있는 유일한 장소인 것이다.

고독의 기원

시인은 도시의 바깥을 꿈꾼다. 그러나 다른 곳으로의 이주, 비행은 불가능하다. 그의 내부는 외부와 불화하고, 내부는 또 다른 내부들과 어긋난다. 비행을 꿈꾸지만 그것은 영원히 연기된다. 일상은 욕망을 억누르고 살아가도록 그 자신을 조종하며, 또한 그는 순응할 수밖에 없는 존재가 되어간다. 그에게 삶은 종종 생활이다. 그리고 생활은 더욱 더 자주, 기계적인 반복과 구분되지 않을 때가 많다.

풀들은 누웠다 일어선다
밤이 지나간 자리마다
낯익은 이방인들이 피어서 붉다
외곽의 철망은 느슨해진 허리띠를 졸라맨다

간밤에 사고 난 비행기가
말쑥한 차림으로 격납고를 나오고 있다
한 줌의 꿈이 빠져나간 손바닥
매일같이 비누칠해도
윤활유 흔적은 지어지지 않는다
고장 난 비행기 한 대가
아직 격납고에 숨어 있으므로

—「통신두절–대구비행장에서」 부분

따라서 시인이 세계의 바깥으로 보낸 통신들은 되돌아오지 않는다. 그것은 애초부터 수신자가 없는 메시지다. 받을 것을 예상하지 않는 모든 메시지들처럼, 그의 통신은 소통되지 못한 채 사라진다. "고장 난 비행기"처럼 "격납고"에 갇혀 버리고 만다. 만일 이 모든 일로부터 둔감해질 수 없다면 도시에서의 삶은 지극히 일상적인 순간들을 지옥으로 변화시키고 말리라. 그럼에도 시인은 둔감할 수 없다. 욕망하지만 억압당하고, 꿈꾸지만 잠들 수 없는 삶을 무감하게 수긍할 수는 없는 것이다. 불가능한 비행을 계속하는 이 "슬픈 비행"(「슬픈 비행」)을 멈출 수는 없다. 사실 비행, 그것은 일상의 관점에서 본다면, 단순한 하나의 "사고"에 불과할 것이다. 만일 시인이 불가능한 비행을 상상한다면, 그것은 그가 이방인으로 살아가야 함을 의미한다. 그러나 그것은 "이방인"으로서의 고통스러운 낙인이기만 한 것은 아니다. 그것은 역설적으로 시인의 존재론적 조건이기도 하다. 장승진 시인의 시적 욕망은 이 불가능한 비행을 중지할 수 없다는 사실에서부터 출발하기 때문이다. 그러므로 세계의 바깥을 향한 시인의 통신은 오늘도 계속될 것이다.

이 모든 사실들이 시인을 고독하게 만든다. 어떤 경우 그것은 이유를 알 수 없는 "추격"(「한밤의 추격전」)과 "폭주"(「어느 폭주족의 고백」)를 욕망하도록 만든다. 그러나 대개의 경우 고독은 스스로의 삶 속으로 더 깊이 침잠하도록 이끈다. 그리고 더 많은 날들 동안 "소음을 견디는 오후"(「백합소녀」)를 건너고, "독한 생존"(「소주」)을 욕망하는 것으로 자신을 속이거나 "안으로 파고드는 슬픔"(「독거 소년의 일기」)에 대하여 이해하게 한다.

그것은 시인의 가족에 대한 시선에서도 그대로 발견된다. 가족은 "거미줄"(「거미줄 미소」)처럼 그 자신을 잡고 놓아주지 않는다. 그것은 치유할 수 없는 상처이며, 짊어지기 어려운 삶의 무게로 다가온다. 그러나 가족은 삶의 근원이다. 가족은 시인의 외부가 아니라, 내부이다. 「바람불던 집」은 이러한 가족에 대한 시선이 아름답게 그려진다.

1.
매운바람이 그해 가을을 흔들어 놓아
어머니와 누이가 주저앉은 곳을 볼 수 없었다
시계를 들여다보았다 떠돌고 있는 피붙이들,
골목 꼭대기에서 비릿한 찬송가 들려왔다
욕할 수 없거든 차라리 찬송하고 싶어
예배가 끝나도 어머니는 내려오지 않고

비 오는 일요일, 젖지 못한 것들만 혼자였다

2.
뒤집혀진 우산에서 빗물이 새고 있었다
슬픈 것들은 왜 낙차가 큰 것인지
방에 누워 종이배를 접었다 한쪽에서
물방울이 슬금슬금 다가왔다 쥐새끼 같은 놈
티브이가 고함을 쳤다 바람이 세게 불어 문이 열렸다
유리문 밖엔 누가 서있는 것같이 낮인데도 어두웠고
빈 바가지가 수돗가를 구르다 금가고 있었다

3.
셋방 남자는 드라마가 끝나도록
곰팡이 슨 벽지처럼 기침소리를 냈다
쥐가 문지방을 긁어댄 틈으로
아버지 입김이 웃풍을 타고 들어왔다
날카로운 구두소리 들리지 않는
단칸의 꺼져드는 방구들 아래
버들개지들이 추위에 떨고 있었다

–「바람불던 집」 전문

가족에 대한 기억은 '집'에 대한 기억과 거의 유사하다. 가족은 하나의 장소를 어느 한 시기 동안 서로 공유함으로써 추억을 공유한다. 그러나 그 기억의 내용들은 같을 수 없다. 공간에 대한 점유 방식에 따라 집에 대한 기억은 모두 다르다. 가족은 친밀감만으로 완성되지 않는다는 것이다. 그들은 모두 타인들처럼, 다른 꿈과 다른 고통을 지닌 존재들이다. 충일감이라는 가족 판타지는 가족의 실재를 가리는 하나의 이데올로기일 뿐이다. 판타지는 더 많은 경우에 있어서 상처가 된다. 장승진 시인은 이러한 깨달음을 쓸쓸하게 인식한다. 그는 "어머니와 누이가 주저앉은 곳"도, 어머니의 슬픔이 "찬양"으로 변하는 이유도 알 수도 없다. 그러나 그들 곁을 떠나지는 않는다. 그들이 지닌 슬픔의 "낙차"와 그 상처를 영원처럼 바라본다. 이 영원히 바라봄, 그것은 시인이 가족들을 사랑하는 방식이 아닐는지. 그만큼 그에게 가족은 트라우마인 동시에 시인이 새롭게 삶을 살아가야 할 유일한 이유이기도 하기 때문이다. 가족은 한편으로는 고통의 근원이지만, 다른 한편으로는 "아버지 외투 주머니에 손을 넣으면/자잘한 꽃씨가 손톱 끝에 끼곤 했"(「팔십 년대의 봄」)던 어느 해의 그 두근거리는 화창한 봄날을 선사한다. 때문에 시인은 말한다. "차오르는 눈물들이 소리를 밀어 올리네/이 작은 감옥이 소리의 빛을 발산하나니"(「피리」). 장승진 시인에게 고독은 고통이라기보다, 삶을 견디고 지키는 어떤 성찰의 시간을 의미한다.

장승진 시인이 그려놓은 이 길들은 조용하다. 시끄럽거나 요란하지 않다. 그렇다고 평탄한 것만은 아니다. 그가 걸어간 길들은 한없이 억제되어 있거나, 솟아오른다. 고요하게 일상을 응시하는가 하면 억압적인 상징 질서를 뚫고 날아오르기를 꿈

끈다. 세계는 때로는 서정적으로 때로는 부정적으로 읽히고 또 쓰여진다. 시인은 그에게 주어진 불가해한 문명의 이미지로부터 자기 내부의 깊은 상처에까지 모든 길을 탐색하고 그 속에 담긴 어떤 진실들을 찾아내고자 노력한다. 때문에 장승진 시인은 현대의 많은 사람들처럼, 스스로를 이방인으로 느낀다. 어디에도 소속되지 않은 채 이 도시 위를 부유한다. 물론 그것은 하나의 고통이다. 자본주의 사회에서 삶을 견디거나 극복한다는 것은 거의 불가능해 보이며, 세계는 시적 집중과 몰입을 방해한다. 진실은 아예 없거나 도달하기 어려운 것처럼 느껴진다. 그럼에도 시인은 지금-여기를 떠나 도망칠 수 있는 어떤 다른 장소도 존재할 수 없음을 알고 있는 자이다. 그리고 이 불가능성이 시인이 세계의 지도를 다르게 작성할 수 있는 이유라는 것도 알고 있다. 그러므로 이방인으로 살아간다는 것은 시인에게 부자유와 함께 시적 자유를 선물한다. 이방인만이 이 세계의 숨겨진 진정한 진실을 볼 수 있기 때문이다. 장승진 시인이 어떤 밀도 속에서 현대 세계를 보다 깊이 있게 성찰할 수 있기를 기대해 본다.

문학의전당 · 시인선 67
통신두절

초판인쇄 2009년 2월 10일
초판발행 2009년 2월 15일

지 은 이 장승진
펴 낸 이 김충규
펴 낸 곳 문학의전당
출판등록 제387-2003-00048호(2003년 9월 8일)

주 소 121-718 서울특별시 마포구 공덕2동 404번지 풍림VIP텔빌딩 202호
전화번호 02-852-1977
팩시밀리 02-852-1978
블 로 그 http://blog.naver.com/mhjd2003
전자우편 mhjd2003@naver.com

I S B N 978-89-93481-15-0 03810

*이 책은 2006년 한국문화예술위원회 신진예술가 지원사업에 선정돼 제작되었습니다.